REPOSTERIA SIN HARINA

RECETAS PARA MICROONDAS Y FREIDORA DE AIRE

Carlos Medrano

REPOSTERIA SIN HARINA

REPOSTERIA SIN HARINA

Agradecimientos

Gracias por aventurarse junto a mí con este atrevido libro de recetas que me ha divertido realizarlo y llevarlo hasta ti.

Gracias a todos los que han compartido las recetas en redes sociales porque sin su ayuda esto no sería posible.

Gracias a mi familia y amigos por motivarme.

Gracias a ti por leerme… disfruta las recetas .

Prólogo

Bien lo dijo el Gran Gusteau (personaje de Disney en la película Ratatouille del 2007) <<Cualquiera puede cocinar>> y efectivamente cualquiera lo puede hacer y es mucho más fácil si se tiene una guía para hacerlo. REPOSTERÍA SIN HARINA no es un recetario que tenga la intención de ser un libro de recetas para adelgazar, pero podría ayudar como complemento si tu nutriólogo te prohíbe el consumo de harina refinada.

Las recetas que aquí encontrarás son fáciles de hacer y como el titulo del libro lo dice, excluyen la harina refinada de trigo y hacen uso de harinas de avena, coco, almendras entre otros.

Para la repostería de este libro podrás utilizar tu microondas o freidora de aire, supliendo así el horno convencional de gas. La mayoría de las recetas son para porciones individuales.

Sin más que decirte, te invito a que elijas al azar una de las recetas y disfrutes sin culpa la textura y el sabor.

Karo
maple

Indice   Página

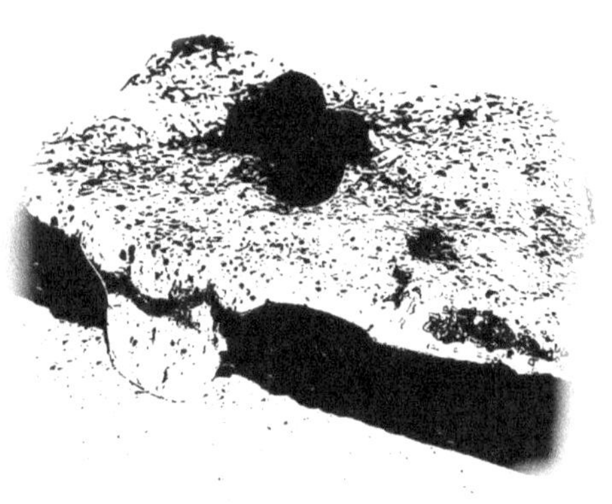

Hotcakes de avena

Ingredientes

1 taza de avena
1 plátano
½ taza de leche de almendra
1 huevo
1 cucharada de vainilla

Preparación:

1. Licúa la avena, plátano, leche, huevo y vainilla para hacer una masa; debe tener una consistencia espesa.
2. Calienta una sartén y engrasa con un poco de aceite, puede ser de coco.
3. Toma un poco de la masa con ayuda de un cucharón y forma los hot cakes sobre la sartén.
4. Deja que se calienten por 3 minutos de cada lado y sirve los hot cakes de avena.

Espero que te guste la receta.

Pan de Plátano y avena

Ingredientes:

2 huevos
2 plátanos
1 cucharadita esencia vainilla
1 cucharadita levadura (rexal)
2 tazas de avena
1/2 taza aceite oliva
1/2 taza Azúcar Mascabado
1 pisca de sal

Preparación:

1.- Se hace puré plátanos y se reserva.
2.- En un bowl se ponen los dos huevos y se baten, se agrega la vainilla, el aceite, sal, levadura y luego el plátano al último las dos tazas de avena y se mezcla.
3.- Se engrasa o se usa papel encerado en molde y a la freidora de aire 20 minutos a 350 F … arriba de la mezcla se le puede poner nuez, chia o granola.

Postre de manzana

Ingredientes:

2 huevos
2 manzanas chicas
50 gramos de yogurt griego
1 Cucharadita rexal (Polvo para hornear)

*Canela para el toping opcional

Preparación:

1.- Se vierte todos los ingredientes en vaso de liquidadora y licúas por dos minutos.

2.- En un tazón apto para microondas se agrega la mezcla y se pone a cocinar por 8 minutos.

3.- Si lo prefieres en horno convencional se sugiere una temperatura de 190 C por 30 minutos.

Pan sin gluten
Mantequilla de maní

Ingredientes:

1 huevo
1 cucharada de mantequilla de maní (crema de cacahuate)
1 cucharada de polvo para hornear (Rexal)
1 pizca de sal

Preparación:

1.- Se vierten todos los ingredientes en un bowl y se mezcla hasta incorporar bien.

2.- En un pequeño recipiente previamente engrasado se vierte la mezcla y se lleva al horno convencional o freidora de aire.

3.- Hornear de 10 a 15 minutos a 180° en horno convencional.

4.- En freidora de aire 10 minutos 180°

P.D: Cantidades para un pan individual.

Pan fit de plátano verde

Ingredientes:

1 plátano verde (240gr)
2 huevos
2 cucharadas de aceite de Cartamo o de oliva
1 cucharada de polvo de hornear
Sal y orégano al gusto

Preparación:

1.- Se licúa y se lleva la mezcla a un molde 20x10 al horno 30 minutos a 180° centígrados.

2.- En freidora de aire 25 minutos a 180° centígrados.

Galletas de avena y plátano

Ingredientes:

1 plátano maduro
1 taza de avena
1/2 taza de coco rayado
2 huevos
1 cucharada de polvo para hornear (Rexal)
Canela al gusto
Y opcional edulcorante o miel

Preparación:

1.- Se mezcla todo en un recipiente y una vez integrado con una cuchara se toman porciones que colocamos y aplanamos un poco sobre una charola engrasada.

2.- Salen aproximadamente 8 galletas. Se coloca arriba pedazos de frutos secos.

3.- Se meten a horno convencional por 10 minutos a 180 grados

Tiramisu express

Ingredientes:

1 huevo
1 taza de avena
1 cucharada polvo para hornear (Rexal)
2 cucharadas de yogurt griego
1 sobre de stevia (edulcorante artificial)

Preparación:

1.- Se engrasa un pequeño recipiente y se vierte la mezcla. Al microondas por 2 minutos o a la freidora de aire de 6 a 7 minutos a 180 grados centígrados (356 F°)

2.- Para el toping se usa yogurt griego endulzado con stevia.

3.- Una vez fuera del horno se parte a la mitad y se pica con un palillo para después verterle un chorrito de café negro. Se pone una capa del toping de yogurt y se coloca la tapa para repetir el mismo procedimiento y finalmente se espolvorea cacao.

Tarta de zanahoria en microondas

Ingredientes:

1/4 taza aceite oliva
1 huevo
1/4 taza harina de avena
1 cucharada de canela
1 cucharada polvo de hornear (Rexal)
1 yogurt (frasco mediano)
1/2 taza zanahoria rayada
1 sobre stevia (edulcorante artificial)
1 chorrillo esencia de vainilla

Preparación:

1.- Se mezclan todos los ingredientes en un bowl y se vierte en molde previamente engrasado.

2.- Al microondas por 4 minutos.

Bizcocho de cacao y plátano

Ingredientes:

1 plátano
1 huevo
2 cucharadas pequeñas de cacao
3 cucharadas pequeñas de coco rayado
1 cucharada de polvo para hornear (rexal)

Preparación:

1.- Se mezcla todo en recipiente apto para microondas y se mete al micro a 3 minutos y medio.

Brownie Fit

Ingredientes:

1 plátano
1 huevo
2 cucharadas pequeñas de cacao
1 cucharadita de polvo para hornear (Rexal)
1 tapita de esencia de vainilla
1 sobre de Stevia (edulcorante artificial)

*Opcional nuez picada y pedazos de chocolate negro.

Preparación:

1.- Se hace puré el plátano y se mezcla con el resto de los ingredientes, incluyendo nueces.

2.- Se vierte en recipiente y se pone de top pedazos de chocolate.

3.- Al microondas por 3 minutos.

Crepes de zanahoria

Ingredientes:

100 gramos de zanahoria
1 huevo
200 gramos de claras
110 gramos de avena
1 pizca de sal

Preparación:

1.- Se vierten todos los ingredientes al vaso de liquidadora y se licúa por tres minutos. En caso de quedar muy espeso se agrega un poquito de agua.

2.- En un sartén antiadherente se vierte la mezcla hasta cubrir la superficie del sartén que debe estar a fuego medio sobre la estufa.

Pastel de yogurt y plátano

Ingredientes:

2 plátanos (200 gramos)
1 1/2 taza de yogurt griego (400 gramos)
4 huevos

Preparación:

1.- Se van todos los ingredientes a la batidora hasta conseguir una mezcla homogénea.

2.- Se vierte la mezcla en un molde de 15 centimetros.

3.- Se cocina en freidora de aire en 30 minutos a 170 C. En Horno convencional de gas en 40 minutos a 180 C y en Microondas en 10 minutos en intervalos de 2 minutos.

*Después de enfriar se decora con canela y plátanos.

Donas en 3 minutos al microondas

Ingredientes:

1 plátano maduro
1/4 taza de harina de avena (25 gramos)
1 pizca de canela
1 tapita de esencia de vainilla
1 cucharadita de levadura (rexal)

Para toping:
5 trocitos de chocolate negro
1 cucharadita de aceite de coco

Preparación:

1.- Se pone en plátano en el vaso de la batidora, se agregan los 25 gramos de harina de avena y el resto de los ingredientes.

2.- la mezcla se agrega a los moldes y se cocina a maxima potencia en microondas 2 minutos y medio.
*Se derrite en microondas el chocolate y el aceite de coco para sumergir las donas. Se deja reposar en refrigerador por 5 minutos.

Muffin de zanahoria y avena

Ingredientes:

2 tazas de avena
1 cucharadita de polvo para hornear (rexal)
2 cucharaditas de canela
1/4 de taza de nuez
1 zanahoria rayada
2 huevos
1 1/2 taza de leche de almendras

Preparación:

1.- Se mezclan todos los ingredientes en un bowl

2.- se llenan los moldes previamente engrasados con la mezcla

3.- Se cocina en freidora de aire u horno convencional por 20 minutos a 180 C

Muffin de manzana en freidora de aire

Ingredientes:

1/2 manzana
2 cucharadas de leche
1 cucharadita de vainilla
1 huevo
1 cucharada de yogurt griego sin azúcar
1/4 taza de harina de avena
1 cucharadita de canela
1 cucharadita de polvo para hornear (rexal)
1 sobre de stevia (edulcorante artificial)

Preparación:

1.- Se va a la licuadora la manzana, la leche y la vainilla. Queda un pure de manzana al que se le agrega el resto de los ingredientes.

2.- se coloca la mezcla en molde ideal para horno y se va a la freidora de aire a 160 grados por 20 minutos.

P.D: se puede poner como toping trocitos de manzana caramelizada.

Muffin de manzana con trozos a la canela

Ingredientes:

1 manzana
1 huevo
30 gramos de harina de avena
1 cucharada de polvo para hornear (rexal)
1 trocito de mantequilla baja en grasa o aceite de oliva, Stevia al gusto y Canela

Preparación:

1.- Se pela la manzana y se corta en cuadritos. Se coloca en un bowl y se agrega la canela, la stevia junto con la mantequilla y se lleva al microondas por 2 minutos.

2.- En otro bowl se mezcla el huevo, la harina de avena, el polvo de hornear, canela, stevia y se mezcla bien.

3.- Se añade los trozos de manzana a la mezcla y se bate bien. Se cocina en microondas de 2 a 3 minutos.

Carlota de plátano helado

Ingredientes:

4 plátanos
1 1/2 taza de yogurt griego sin azúcar
1 paquete de galletas marias
1 sobre de stevia (edulcorante artificial)
Cajeta y nueces

Preparación:

1.- Se licúa dos plátanos con el yogurt, la stevia y la vainilla.

2.- en refractario se coloca una capa de galletas marías como base y se vierten varias cucharadas de la mezcla. Se colocan rodajas de plátano y cajeta. Se repite el procedimiento en capas hasta terminar la mezcla.

3.- Se decora con plátano rebanado, galletas marías troceadas y nueces. Se deja en refrigerador por 3 horas.

Avena con chocolate en 5 minutos

Ingredientes:

1/2 taza de hojuelas de avena
1/2 taza de agua
1/2 taza de leche o bebida vegetal
1 cucharada de cacao y canela en polvo
1 tapita de esencia de vainilla

Preparación:

1.- Se mezclan todos los ingredientes en un vaso apto para microondas y se le colocan chispas de chocolate.

2.- Se lleva al microondas por 5 minutos y a disfrutar.

Brownie chewy en freidora de aire

Ingredientes:

1/2 taza de avena
1/2 taza de harina de almendra
1/4 taza cacao en polvo
1 cucharadita de polvo para hornear (rexal)
1/2 plátano grande
1 huevo
2 cucharadas de endulzarte sin calorías
1/4 taza de leche de almendras
Nueces de la india picadas
Chispas de chocolate semi amargo

Preparación:

1.- Se mezclan todos los ingredientes en un bowl y de forma opcional se agregan las nueces y las chispas de chocolate.
2.- Se pasa a un molde de vidrio previamente engrasado con aceite en aerosol y se le coloca encima más nueces y chispas de chocolate.
3.- A la freidora de aire a 150 C por 10 minutos y después bajar a 120 C por 5 minutos.

Panqué de chocolate en microondas

Ingredientes:

2 manzanas pequeñas
1 huevo
1 cucharadita de polvo para hornear (rexal)
1 cucharadita de café soluble
Un chorrito de esencia de vainilla

Preparación:

1.- Se agrega a la batidora la manzana troceada y un chorrito de agua para hacer un pure de manzana.

2.- Se agrega el resto de los ingredientes y se mezclan bien para incorporarlos.

3.- La mezcla va en un molde apto para microondas y con toping de chispas de chocolate se cocina por 3 minutos.

P.D: Es una porción individual.

Panqué de manzana sin horno con dos ingredientes

Ingredientes:

2 manzanas en cuadritos
20 gramos de grenetina

Preparación:

1.- Se meten los trocitos de manzana al microondas por 4 minutos.

2.- Se licúa con poquita agua caliente para hacer un pure de manzana.

3.- En un bowl se agrega el pure de manzana y se agregan los 20 gramos de grenetina batiendo hasta el punto de nube.

4.- Se coloca en un molde sobre papel encerado y se mete al refrigerador por unas horas o por la noche. Se puede decorar con canela como toping.

Cocadas de limón

Ingredientes:

1/3 taza mantequilla de maní (crema de cacahuate)
1 y 1/2 taza de coco rallado
Ralladura de limón
1 cucharadita de endulzante líquido

Preparación:

1.- Mezclar la mantequilla de maní con la ralladura de limón, el coco y el endulzante.

2.- Formar bolitas con las manos y rebozar con coco.

Fresas en grenetina

Ingredientes:

1 taza de fresas
1 taza de yogurt griego
1 sobre de edulcorante artificial (stevia)
1 sobre de grenetina

Preparación:

1.- Se licúa las fresas con el yogurt y se coloca el endulzante artificial.

2.- En cuatro cucharadas de agua se añade la grenetina en forma de lluvia para una mejor dilución. Al microondas por 5 a 10 segundos y se mueve hasta disolver perfectamente.

3.- Se agrega la grenetina hidratada a la mezcla de fresas y se vuelve a batir por un par de minutos.

4.- Se pasa la mezcla a refractarios y se refrigera durante dos horas.

Pie de limón helado

Ingredientes:

30 galletas maravillas molidas
1/3 taza de nuez molida
135 gramos de mantequilla fundida sin sal
1 lata de leche condensada
1/4 taza de jugo de limón
1 cucharadita de esencia de vainilla

Preparación:

1.- Mezclar la galleta, la nuez molida y la mantequilla. Colocar en un molde desmontable y presionar para formar la tartaleta… reservar

2.- En el vaso de la licuadora colocar las leches y la vainilla. Licuar.. con la licuadora andando agregar el jugo de limón poco a poco.

3.- Vaciar la mezcla en la tartaleta y refrigerar de 3 a 4 horas o hasta toda la noche.

Pie de mango helado

Ingredientes:

4 mangos maduros
2 barras de queso crema
1 lata de leche condensada (14 oz)
2 costras para pay de supermercado

Preparación:

1.- Se quita la pulpa de los magos y se coloca en el vaso de la licuadora junto con las dos barras de queso crema y la lata de leche condensada.

2.- Se vierte la mezcla en las costras para pay y se puede poner de toping trozos de mango.

3.- Se colocan en congelador por seis horas o toda la noche.

Carlota de Café

Ingredientes:

1 litro de leche
2 cucharadas de café soluble
1 taza de azúcar
1 taza de maizena
1 cucharadita de canela
1 cucharadita de esencia de vainilla
3 paquetes de galletas chokis (o la de tu preferencia con chispas de chocolate)

Preparación:
1.- Todos los ingredientes se mezclan en una cazuela y a fuego lente se bate sin detenerse hasta que pase de su estado liquido a una consistencia espesa. (Tarda unos 5 minutos en llegar a la consistencia)
2.- En un refractario de cristal se pone una capa de la mezcla y arriba una capa de galletas repitiendo el procedimiento hasta terminar con una capa superior de galletas.
3.- Se refrigera por 4 horas o toda la noche.

Blondie Delicious

Ingredientes:

1 plátano
1 cucharadita de esencia de vainilla
2 cucharadas de endulzante
1 cucharada de mantequilla de maní (crema
de cacahuate)
1 huevo
1 taza de harina de avena

Preparación:

1.- Mezclar todos los ingredientes y poner en
un molde de 15 x 10 o similar.

2.- Cocinar a 180 C por 20 a 25 minutos en la
freidora de aire.

3.- Para el toping mezclar 100 gramos de
queso crema con una cucharadita de
mantequilla de maní y gotas de endulzante al
gusto.

Flan de coco a tres ingredientes para microondas

Ingredientes:

1 huevo
3 cucharadas soperas de yogurt griego sin azúcar
1 cucharada de coco rallado
1 cucharada sopera de eritritol, stevia o edulcorante de su preferencia.

Preparación:

1.- Bate el huevo en una taza apta para microondas. Agrega el yogurt griego y mezcla hasta obtener una textura suave. Incorpora el coco rallado y vuelve a mezclar.

2.- Cocina en el microondas durante 1 a 2 minutos y deja enfriar. Puedes dejarlo en refrigerador unos minutos antes de comer.

Panqué de chocolate en freidora de aire

Ingredientes:

1/2 taza de yogurt griego
3 huevos
1/3 taza de azúcar
1 cucharadita de esencia de vainilla
1/2 taza de harina de avena
2 cucharadas de harina de almendras
2 cucharadas de cacao en polvo
1 cucharadita de polvo para hornear (rexal)
1 barra de chocolate 85% cacao

Preparación:

1.- Se mezcla el huevo, yogurt, endulzante y vainilla. Incorporar las harinas, cacao y polvos.

2.- Se vierte la mezcla en molde de 11x 15 cm o similar y se lleva a la freidora de aire a 150 C por 15 a 20 minutos. Poner barra de chocolate y cocinar 5 minutos extra.

Flan tradicional de huevo en microondas

Ingredientes:

1 taza de leche (200 ml)
2 huevos
1 cucharada de esencia de vainilla
1 sobre de endulzante artificial
1 cucharadita de miel o caramelo

Preparación:

1.- En una taza se agrega la cucharada de miel
o caramelo y se reserva la taza.

2.- En otro recipiente se mezclan la leche con
los huevos, la vainilla y el edulcorante
artificial. Se pasa la mezcla a la taza con el
caramelo.

3.- Cocinar de minuto a minuto y medio en
microondas y dejar enfriar unos minutos antes
de desmoldar.

Brownie de chocolate sin huevo y sin harina

Ingredientes:

2 plátanos muy maduros
3 cucharadas de cacao en polvo (125 gramos)
Nueces y chips de chocolate

Preparación:

1.- Se mezclan todos los ingredientes hasta hacer una pasta y se coloca en un molde cubierto con papel encerado. (en batidora queda mas suave)

2.- Se cocina en freidora de aire 180 C por 20 a 25 minutos.

Pan de plátano y coco

Ingredientes:

1 huevo
1 tapita de esencia de vainilla
1 plátano
1 cucharada de azúcar masacabado
2 cucharadas de coco rallado
2 cucharadas de harina de avena o almendras
1 cucharadita de polvo para hornear (rexal)

Preparación:

1.- Se mezclan todos los ingredientes en un bowl hasta quedar bien integrados para posteriormente pasar la mezcla a un molde apto para microondas.

2.- Se cocina en microondas 1 minuto y medio o 2.

3.- se puede decorar con jarabe de chocolate como toping.

Galletas de coco

Ingredientes:

1/2 taza de coco rallado
2 huevos
1 cucharada de aceite de coco derretido
1 cucharada de endulzante
Esencia de vainilla
Ralladura de dos limones

Preparación:

1.- Se mezclan bien todos los ingredientes para formar tortitas que se colocan en una placa previamente engrasada o cubierta con papel encerado.

2.- En freidora de aire a 180 C por 10 minutos o hasta que estén firmes y dorados.

Cheesecake de arándanos express

Ingredientes:

1/4 taza de avena (30 gramos)
1/2 plátano
1/2 taza de yogurt griego
1/2 taza de queso crema
1/2 limón
1 sobre stevia
30 gramos de arándanos

Preparación:

1.- Se cubre con un pedazo de papel film un molde pequeño individual.

2.- Se mezcla bien el plátano con las hojuelas de avena que servirán como base del cheesecake. Se coloca la mezcla en el molde y se reserva.

3.- Se mezcla el yogurt con el queso crema, el limón, la stevia y los arándanos. Se agrega la mezcla al molde y se lleva al refrigerar por dos horas o hasta el día siguiente.

Mega Galleta de Chocolate en freidora de aire

Ingredientes:

1 taza de mantequilla de maní
1 huevo
1 cucharadita de endulzante en gotas o endulzante granulado.
1/2 cucharadita de esencia de vainilla
2 a 3 cucharadas de crema de avellana (opcional)

Preparación:

1.- Se mezclan todos los ingredientes con excepción de las crema de avellana. Se divide la masa resultante en dos partes iguales.

2.- Con una parte de la masa se cubre el fondo de un molde de 15 cm y se añade sobre la mezcla unas cucharadas de crema de avellana para terminar por cubrir con la masa restante.

3.- Se cocina en freidora de aire a 180 C por 20 a 25 minutos.

Tortitas de avena rellenas con crema de avellana

Ingredientes:

3 huevos
1 sobre de stevia (edulcorante artificial)
1 1/4 taza de leche (300 ml)
2/3 taza mantequilla derretida (80 gramos)
1 1/2 taza de harina de avena
1 cucharada de polvo para hornear (rexal)
Crema de avellana

Preparación:

1.- Se congela sobre una bandeja cubierta con papel encerado discos de crema de avellana y se reserva.

2.- Se separan las claras de las llamas de los tres huevos. Las llamas se mezclan con endulzante y se agrega la leche, la mantequilla derretida, esencia de vainilla y al final la harina de avena y polvo de hornear.

3.- Se montan las claras al punto de nieve y se agrega a la mezcla anterior poco a poco y con movimientos envolventes. Así las tortitas quedaran esponjosas.

4.- Se agrega la mezcla en la sartén a fuego medio y sobre esta el disco de avellana congelado previamente, se cubre con más mezcla. Se da vuelta a la tortita para terminar de cocinar la otra cara.

Reese's Pancakes

Ingredientes:

1 huevo
1/4 taza de yogurt griego
1/2 plátano
1/4 taza de leche
1/2 taza de harina de avena
2 cucharadas de cacao en polvo
1 cucharadita de polvo para hornear (rexal)
Endulzante opcional

Preparación:

1.- Se mezclan bien todos los ingredientes y con una cuchara se lleva mezcla a una sartén a fuego medio engrasado con aceite en spray.
Se cubre con la tapa y cuando se vea dorada la orilla se le da la vuelta.

2.- Sírvalo con una cucharada de crema de maní , rebanadas de plátano y jarabe de chocolate.

Bowl de avena con manzana horneada

Ingredientes:

1/2 manzana
2 huevos
1/2 taza de hojuelas de avena
Canela y Stevia al gusto

Preparación:

1.- Se colocan todos los ingredientes en la licuadora hasta que quede todo muy bien incorporado. La mezcla se vierte en un recipiente apto para horno.

2.- Se cocina a 180 C por 15 minutos en la freidora de aire.

Galletas de limón

Ingredientes:

2 huevos
5 ml de aceite de oliva
Ralladura de limón
120 gramos de harina de coco
10 gramos de edulcorante artificial

Preparación:

1.- Se mezclan todos los ingredientes hasta quedar una masa con la consistencia que le podrás dar la forma a las galletas.

2.- Colocas las galletas en un recipiente cubierto por papel encerado y lo llevas a la freidora de aire 10 minutos a 176 C

Churros de avena en freidora de aire

Ingredientes:

1 taza de agua
2 cucharadas de aceite
1 pizca de sal
1 taza de harina de avena

Preparación:

1.- Se pone el agua, el aceite y la sal en un sartén a fuego medio. Una ves que hierve el agua se retira de la estufa y se incorpora de golpe la taza de harina de avena. Se mezcla vigorosamente hasta que la masa se despegue del sartén.

2.- Se llena con la mezcla una jeringa pastelera y en la freidora de aire colocamos un papel aluminio y se le hace pequeños agüeros con un cuchillo. Colocamos churros con la jeringa y se cocina por 15 minutos a 200 C. Se espolvorean con azúcar.

Pancake en rodajas de manzana

Ingredientes:

1 huevo
1/3 de leche
1/2 taza de harina de avena
1 cucharada de polvo para hornear
1 cucharada de canela
1 manzana

Preparación:

1.- Se mezclan todos los ingredientes y se reserva.

2.- Se corta la manzana en rodajas y se retira las semillas. Se sumerge cada rodaja hasta cubrir por completo en la mezcla.

2.- Cocina en una sartén a fuego medio por ambos lados. Sírvelas con fruta y miel de abeja o maple.

Tarta Crumble de limón y arándanos

Ingredientes:

1/3 taza de mantequilla
3 huevos
1/2 de azúcar
Ralladura de 1 limón
Jugo de 1/2 limón
1 1/3 taza de harina de almendras
1/2 taza de harina de coco
1 cucharadita de polvo para hornear
Mermelada de arándanos

Ingredientes para Crumble:

2 cucharas soperas de mantequilla
1/2 taza de harina de almendra
1 cucharada de azúcar
2 cucharas de harina de coco

Preparación:

1.- Mezcla la mantequilla con e azúcar, huevos, la ralladura y jugo de limón. Integra bien los ingredientes y agrega las harinas con el polvo de hornear. Volcar la mezcla sobre un molde redondo y chico (10 x 10) colocar mermelada de arándanos hasta recubrir la superficie y después arándanos frescos.

2.- Se prepara el Crumble simplemente integrando todos los ingredientes. Quedara una mezcla no seca, algo humedad por lo que nos mojamos un poco las manos por lo que vamos tirando poco a poco sobre los arándanos.

3.- Cocinar en freidora de aire 180 C 35 a 45 minutos.

Pancakes de avena y naranja

Ingredientes:

1 taza de harina de avena
Ralladura de 1 naranja grande
Jugo de la naranja grande
2 huevos
1 pizca de sal
1 cucharadita de polvo para hornear
1 cucharada de esencia de vainilla
1 cucharadita de aceite de oliva

Preparación:

1.- Se mezclan todos los ingredientes en un bowl hasta incorporar perfectamente.

2.- En un sartén a fuego medio y engrasado con mantequilla se vierten porciones de 1/3 de taza de la mezcla. Rinde para 5 pancakes.

Mug Cake de Galleta sin azúcar

Ingredientes:

30 gramos de harina de avena
20 gramos de crema de maní
1 huevo
10 gramos de chispas de chocolate
1 cucharada de polvo para hornear
1 sobre de stevia
1 cucharada de esencia de vainilla
1 pizca de sal

Preparación:

1.- Se mezclan todos los ingredientes en un bowl hasta alcanzar una textura semi liquida.

2.- se vierte la mezcla en un molde apto para microondas y se colocan mas chispas de chocolate sobre la mezcla.

3.- Se cocina en 1 minuto en horno de microondas.

Panqué de nuez en freidora de aire

Ingredientes:

1/2 plátano maduro
1 huevo
2 cucharadas de yogurt griego
1 cucharadita de vainilla
2 cucharadas de leche
1/2 taza de harina de avena
1 cucharadita de polvo para hornear
1 sobre de stevia (edulcorante artificial)
Nueces picadas

Preparación:

1.- Se mezclan todos los ingredientes y se vierte en un molde apto para horno con toping de nueces picadas.

2.- Se cocina en freidora de aire a 160 C por 15 minutos.

Tortita de plátano al sartén

Ingredientes:

1 plátano cortado en laminas
1 huevo
50 ml de leche
1 cucharadita de esencia de vainilla
1/3 taza de harina de arroz

Preparación:

1.- Se engrasa una sartén y se colocan las laminas de plátano.

2.- Se mezclan el huevo, la leche, la vainilla y la harina de arroz muy bien y se vierte al sartén sobre las laminas de plátano.

3.- Se cocina con tapa a fuego lento por 4 minutos. Se le da la vuelta y se cocina por 2 minutos.

4.- Se sirve con granola y crema de cacahuate.

Pan de cacahuate

Ingredientes:

2 huevos
2 cucharadas soperas de crema de cacahuate
2 cucharadas soperas de semillas de calabaza
o de tu preferencia.
1 cucharada de polvo para hornear

Preparación:

1.- Se mezclan todos los ingredientes sin
sobre batir.

2.- En un molde apto para horno previamente
engrasado se vierte la mezcla.

3.-Se cocina en microondas a máxima
potencia por 2 minutos.

* Ideal para acompañar comida salada. La
  mezcla puede ser suficiente para dos panes
  pequeños o uno mediano.

Flan de Manzana de 1 minuto

Ingredientes:

1 manzana amarilla mediana
1 cucharada de yogurt griego
1 huevo

Preparación:

1.- Se parte en trocitos la manzana y se lleva al microondas por 2 minutos. Se tritura y se mezcla con el yogurt y el huevo.

2.- Se vierte en un molde apto para microondas y se cocina por 1 minuto.

3.-De toping se puede usar canela o crema de avellanas.

Torta de Almendra Francesa

Ingredientes:

6 huevos a temperatura ambiente
(IMPORTANTE)
1 cdta sal
250 g azúcar en polvo / azúcar flor / azúcar
glass / azúcar impalpable
150 g mantequilla sin sal muy suave, a
temperatura ambiente
300 g harina de almendras
40 g almendras fileteadas para decorar

Preparación:

1.-Bate los huevos, sal y azúcar en polvo con
batidora eléctrica hasta que se ponga clara,
esponjosa y puedas hacer un dibujo con un
chorrito sobre la mezcla y este se mantenga
un rato antes de volver a incorporarse.

2.-Agrega la mantequilla una cucharada a la
vez con la máquina a velocidad mínima y bate
así hasta que se incorpore.

3.- Retira la batidora y agrega poco a poco la harina de almendras mezclando con una espátula en movimientos envolventes. Ten cuidado de no quitar mucho aire de la mezcla.

4.-Transferir la mezcla a un molde desmoldable enmantequillado y con papel para hornear en la base y enmantequillado encima también. Nivélalo con una cuchara.

5.- Decora con almendras fileteadas o picadas chiquito. No las tuestes porque se tuestan en el horno.

6.-Hornea en freidora de aire a 170°C/340°F por 30-40min o hasta que esté dorado por encima y puedas insertar un palito y salga limpio.

7.- Una vez fría, decora con más azúcar en polvo.

Budín de frutos rojos de una porción

Ingredientes:

30 gramos de harina de avena
1 sobre de stevia
1/2 cucharadita de polvo de hornear
1 huevo
1 clara
1 cucharadita de esencia de vainilla
1/4 taza de yogurt griego
Frutos rojos

Preparación:

1.- Mezcla primero los ingredientes secos y luego el resto de los ingredientes, los frutos rojos van al final.

2.- Poner en un molde apto para horno previamente engrasado con aceite de oliva

Panqué de queso crema

Ingredientes:

4 huevos
350 gramos de queso crema
800 gramos de azúcar
180 gramos de nata

Preparación:

1.- Se mezclan todos los ingredientes con una batidora en un bowl.

2.- Se vierte la mezcla en un molde apto para horno cubierto con papel encerado.

3.- Se cocina en freidora de aire por 45 minutos a 180 C.

TABLA MEDIDAS Y EQUIVALENCIAS

ALIMENTOS SOLIDOS: *de cup o taza a gramos*

1 TAZA	AZUCAR	AZUCAR MORENO	HARINA	MANTEQUILLA	ALMENDRA MOLIDA	CACAO POLVO
1 cup o taza	200 grs	220 grs	125 grs	225 grs	120 grs	110 grs
2/3 cup o taza	150 grs	165 grs	94 grs	168 grs	90 grs	82 grs
½ cup o taza	100 grs	110 grs	65 grs	112 grs	60 grs	55 grs
¼ cup o taza	50 grs	55 grs	42 grs	56 grs	30 grs	27 grs

ALIMENTOS LIQUIDOS: *de cup o taza a ML*

1 TAZA	AGUA	ACEITE	LECHE
1 cup o taza	240 ML	220 ML	240 ML
2/3 cup o taza	160 ml	163 ml	160 ml
½ cup o taza	120 ml	110 ml	120 ml
¼ cup o taza	60 ml	55 ml	60 ml